「和歌山カレー事件『再審申立書』」概説

弁護士　生田　暉雄

はじめに

本書は7月に行われた「あおぞら通信」主催の勉強会でお話しさせていただいた内容を加筆修正して編集したものです。

「和歌山カレー事件」について、次の事が明らかになりました。

(一) 犯人は、被告人ではなく、第三者の犯行である証拠が、原判決の証拠の標目のそれも3箇所に判示されていること。被告人は明々白々に無罪であること。

(二)死亡した4人の死因についての証拠が全く無い判決で、4人の殺害については、最も重要な死因の立証が全くないので、被告人は無罪であること。

(三) 検察官は死亡した4人の解剖結果、死亡診断書、死体検案書を裁判において、証拠として提出しない代わりに、それらの代替証拠を提出した。しかし、代替証拠は、犯罪類似のこれ以上卑劣なやり方は出来ないと考えられるような出鱈目な文書であること。

(四) 以上の (一) ~ (三) を容認しながら無罪の判決をしない。つまり、まともな裁判がなされていないことが明らかである。この実態を明らかにしておく必要がどうしてもあるということ。

（五）何よりも、「和歌山カレー事件」の捜査の異常さです。死亡した4人の解剖結果を究明する捜査が全くされていないということです。事件発生から一週間程して、徐々にヒ素を重視する報道に代わり、林被告人が犯人となっていきます。この経過を詳細に見ていくと、捜査機関は真犯人の目星を付けていながら、それを逃すために、犯人を林被告にしたのではないかという重大な疑いを払拭することが出来ません。捜査とは、これほど捜査機関の思い通りに何でも出来るものなのか？ 捜査に関する法的規制は何も無いのか？ それらをどうしても明らかにする必要がある。

私は以上の（一）～（五）を林被告人が無罪である再審申立書を提出しました。

不当な捜査、いい加減な裁判が行われている現実について、「和歌山カレー事件」以上の例はありません。

皆さん！「和歌山カレー事件」を日本をよくする教科書にしようではありませんか。

本書に先立ち、「再審申立書」をそのまま本にしたものが解りにくいという声を頂き、勉強会の内容を簡明な要約本にしました。

二〇二一年八月

生田　暉雄

もくじ

序章

事件概要

１９９８年（平成10年）７月25日、和歌山県和歌山市園部地区で行われた夏祭り会場において、提供されたカレーを食べた67人が、腹痛や吐き気などを訴えて病院に搬送され、このうち、自治会長及び同副会長、小４男児、高１女子生徒の４人が死亡した。当初、保健所は、食中毒によるものと判断したが、和歌山県警が吐しゃ物を検査したところ、青酸反応が出たことから青酸中毒によるものと判断された。しかし、症状が青酸中毒と合致しないことから、警察庁科学警察研究所が改めて調査した結果、亜ヒ酸の混入が判明した。

逮捕

１９９８年10月４日、知人男性に対する殺人未遂及び保険金詐欺の容疑で、元保険外交員の主婦・林眞須美（当時37歳）さんが、別途詐欺等容疑の夫と共に逮捕された。さらに、林さんは、12月９日、カレーへの亜ヒ酸混入による殺人及び殺人未遂容疑で再逮捕され、同年12月29日、起訴された。

裁判

林さんは、容疑を全面否認し、完全黙秘。動機も解明できない中、２００２年12月11日の第一審判決公判で、小川裁判長は、林さんの殺意とヒ素混入を認めた上で「４人もの命が奪われた結果はあまりにも重大」と断罪、求刑どおり死刑判決を言い渡した（即日控訴）。

続いて、２００５年６月28日の控訴審判決で白井裁判長は、「犯人であることに疑いの余地はない」として第一審死刑判決を支持、林さん側の控訴を棄却した（上告）。

二〇〇九年４月21日、最高裁において那須裁判長は、

・犯行に使われたものと同一の特徴を持つヒ素が被告宅等から発見されたこと
・被告人の頭髪から高濃度ヒ素が検出されたこと

などから「被告が犯人であることは合理的な疑いを差し挟む余地がない程度に証明されている」とする一方、弁護側が主張した「被告人には動機がない」との主張に対し、「動機が解明されていないことは、被告が犯人であるという認定を左右しない」と退け、上告を棄却した。

第一　計画的な冤罪

1、事件発生からの新聞記事を取り寄せ、検討開始

私、生田は、令和3年5月31日午前9時15分ごろ、「和歌山カレー事件」の被告人林眞須美(以下「林」氏)が無罪であることの再審申立を申立人代理人として、和歌山地裁所刑事部にしました。(私は、裁判官を途中退官(家内の健康上の理由)して、高松で弁護士をはじめ、今年で30年ぐらいになります。

林さんからは、平成20年過ぎごろから、私の本を読んだということで、毎年のように再審弁護をやって欲しいという手紙をいただいていました。どうしても忙しすぎて再審というような大きな問題に取り組める時間がなくて、なんとかしたいと思いながら、そのままに過ごしていました。私も裁判官当時、徳島ラジオ商事件の再審事件、これは判決間際まで私は関与していまして、そのほかも弁護士として、高知白バイ事件の再審事件も関与したことがあって、再審事件の大変さというのはよくわかっていましたので、時間ができるまでなかなか取り組めませんでした。

これまでも一般の本などはその間に全部読んでいますから、大体筋書きはわかっていましたが、やっと、まとまった時間の取れた令和2年9月23日、林氏の依頼で大阪拘置所で本人に面会し、お受けしましょうということで了解して、再審

中立の受任をしました。
その後、記録を取寄せ、検討は12月20日からはじめました。受任直後から当時の新聞（朝日、毎日、読売、産経、中日、和歌山新報）で事件発生当時からずっと詳しく調べの検討を併行しました。

新聞記事のファイル

本件の発生は、平成10年7月25日午後6時ごろ、夏祭りで出されたカレーを食べた67名が身体に異常を起こしたことに発します。26日午前3時3分、自治会長死亡、その後10時16分までの間に副会長、小学5年生、女子高校生の合計4人が死亡し、自治会長は当日の26日、その他の3人は27日に解剖されました。解剖結果、警察発表ということで、7月27日から8月3日ごろまで、全マスコミは「青酸化合物カレー殺人事件」ということで沸き返る。8月3日ごろからは、青酸化合物に加えヒ素も投入されていたとう報道が続きます。

2、真犯人を逃すため、林眞須美を犯人にデッチ上げ

記録は、12月20日から手に入ることになって、それから全部を検討していきました。マスコミ報道、裁判記録（検察官の冒頭陳述、論告、弁護士の最終弁論、判決）で驚くべき意外な事実が明らかとなりました。

概略だけを申しますと、**これは物凄い裏のある大変な事件**だということです。**真犯人を逃がすために林眞須美さんを犯人にでっち上げた**、ここまで言って間違いないと思います。再審申立書本（『和歌山カレー事件「再審申立書」　冤罪の大カラクリを根底から暴露』万代宝書房）に詳しく書いてあります。これは再審申立書とほぼ全部一緒です。もちろん、端書きは再審申立書にはありません。

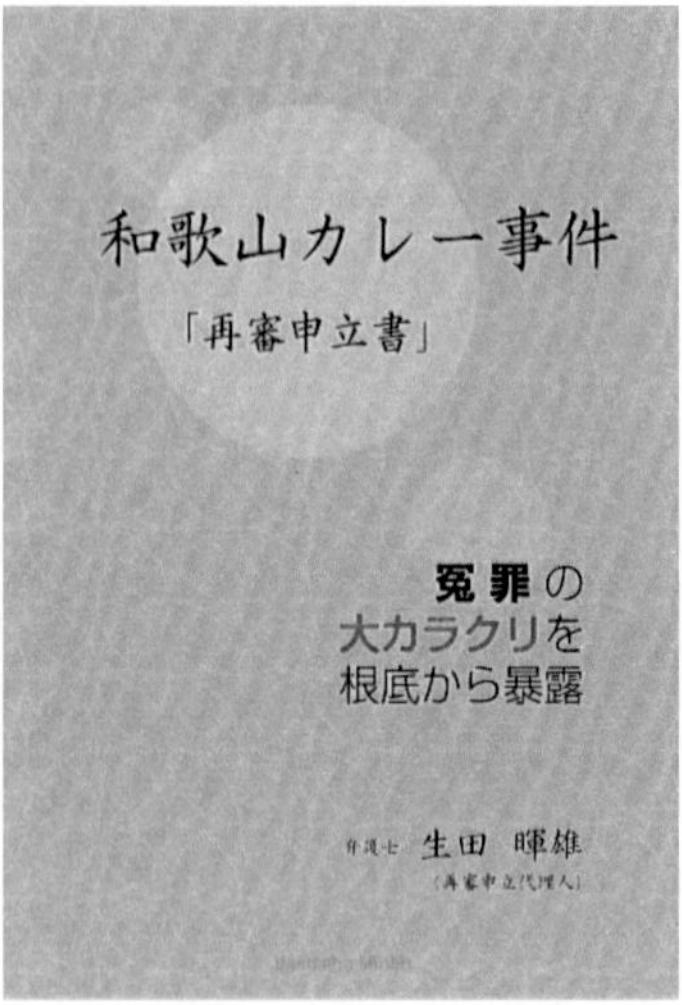

通常の冤罪とかいうのは、捜査機関や裁判官の判断ミス、捜査機関が嘘の自白をさせた、あるいは証拠を見誤ったというような判断ミスです。ところが和歌山カレー事件というのは、真犯

人Aという人がいるというのはわかっていながら、それの捜査をせずに、林眞須美さんを犯人ということにして、事件に仕上げたという、もってのほかの事件です。ですから、これは奥が深くてちょっとやそっとの事件ではないということです。

3、この再審申立は、真犯人追求の半ばにすぎない

私は思いますが、この再審申立書で林さんは無罪です。絶対に無罪です。だから再審は開始される、そして無罪になると思います。しかし、真実発見ということになると、この申し立てではまだ道半ばです。それは真犯人を逃すために、捜査機関が林眞須美さんを犯人に仕上げたという、その真犯人というのは、世間で言うかなりの大物らしいです。

それの追求のためには、**保険金詐欺や園部地域の地域開発ということを絶対に正面に据えてやらないことには追求できません**。それは始めからわかっていましたが、私は保険金詐欺や地域開発の点は、この申立書の段階では、わざと保険金詐欺等は一切触れていません。死亡した死因だけに限って、死因の切り口からだけでこれはおかしいということを、ずっと追及していきました。

なぜそういう切り口を限定するかと言いますと、この和歌山カレー事件という

のは、裁判で一週間一回ぐらいの開廷期間でやって、4年も5年もかかっている事件です。記録だけで段ボール箱30箱、40箱という、活字にした供述調書を30箱も40箱もあります。それを始めから最後まで読んでいくと、読むのだけでも相当期間がかかりますし、読んだところで何をわかろうとしたのかな？と、訳がわからなくなります。

判決書きだけでも1000ページあります。このぐらいあります。12～13センチあります。プロの私でも順番に読んでいくと、「これは林眞須美さん、犯人じゃないか？」と思ってしまいます。それはそうですよね。犯人であるということで書いている判決書きですから…。そこで、切り口を定めて、その切り口に沿って、そういう証拠があるかどうかというのを追求していかないと、真実発見はできないと思いました。素人の方がこんな判決書き渡されて、1000ページもあるのを読むだけでも大変です。それから事件に記録にあたっていっても、ちょっとやそっとでわかるものではありません。こんな大きくなるとプロで

第一審の判決書

もなかなか手を出さない事件です。

その裏側たるや、もうむちゃくちゃでした。真犯人を逃すために、全く犯行と関係のない眞須美さんを犯人にでっち上げて、それで二十年間以上閉じ込めています。死刑をやるぞ！やるぞ！とです。何度も面会に行って、再審申し立てを令和3年（2001）5月31日にしましたが、林眞須美さんからは、「5月2日には必ず出してください！　5月2日は、健治さんとの結婚記念日ですから…」と強く言われていたんです。ですが、私の書くのが遅れたとかそんな事情で5月31日に出しました。

それはオリンピックがなくなると、死刑執行される可能性が高くなるということで、「もう私は死刑執行される…」ともう眞須美さんからは泣くように言われるわけです。そういう経緯の中で、私も必死で書いて5月31日に出したということです。

第二　各部署の不当、違法性

4、青酸化合物殺人の捜査線の不遂行

新聞・週刊誌などの記事や記録を見て、どうしても納得のいかないことがあります。それはこの事件が起こったのは、平成10年7月25日の夕方6時頃。園部地区の夏祭りで、カレーを食べた67人が体に不調をきたしました。翌日の午前3時3分に自治会長が亡くなり、それから次に副会長、小学5年生、女子高校生ということで、10時16分までに4人が死亡しました。

自治会長は、その日の7月26日に解剖されています。あとの3人は7月27日に解剖されています。「死因は青酸化合物である」ということのだったようで、その解剖結果及び警察発表ということで、27日からの各新聞は青酸化合物による殺人ということで、報道が激しくなります。それが一週間ほど続いて、8月3日頃からは、青酸化合物のほかにヒ素も含まれていたということで、またそのニュースがずっと続きます。

そういう経緯からして、青酸化合物の殺人の捜査というのは、始まって然るべきなのに、全然その捜査がされていません。

5、自治会長、副会長の身辺を洗わない

それから捜査の常道というのがありまして、「被害者の身辺を洗う」、それはまず被害者の身辺を、どういう人物なのかというのを徹底的に明らかにすることから始まるということです。つまり、

どういう経歴の人か？

どういう経済活動をしていた人か？　どういう政治活動をしていた人か？

どういう社会活動をしていた人か？　人柄はどうなのか？

その人の財産はどういうかたちで形成していったのか？

というようなことを全部洗い出します。その間で、その人と関りのあった人、対立関係にあった人などが、まず犯人の目星とされるわけです。そういう捜査が一切された形跡がありません。これが一切されてないのは、おかしいことだと思いました。

それから7月25日、夏祭りということで、その地区以外の外部からもいろんな人が来ているわけです。自治会の関係者とか選挙の関係とか…。自治会のお祭りは、どこでも選挙の票田になります。だから、もう夏祭りは、議員、立候補予定者、選挙関係の秘書とか、そういう関係の人が少なくとも複数人来ているはずです。

そういう動きは、地域の防犯カメラやNシステム※とか、そういうのを見ればすぐわかります。しかし、そういう部外者の捜査も一切した記録がないのです。捜査の基本中の基本である、会長、副会長の身辺を洗う捜査が全く無く、その上7月25日に園部地域外の来訪者の捜査をした形跡がありません。
捜査したかもしれませんが、捜査したという報道はされていません。

6、なぜ、一審で完全黙秘したのか？

さらに、ますますおかしいのは、眞須美さんは、捜査段階及び一審では完全黙秘しました。私たちは、「完全黙秘」のこと「完黙」と言いますけれども、黙秘、黙っている。取り調べに一切答えない、調書を取らせない、こういうことをしているわけです。普通は完黙にしようとしたときには、弁護士が「完黙したらいい。あんたは一切しゃべるな」と、面会に行って完黙を薦めたりします。私もたぶん弁護士が薦めたのだろうと思っていました。

※Nシステム　全国の道路の1500カ所以上に設置されている「自動車ナンバー自動読み取り装置」のこと。最新式はナンバーだけではなく車室内の乗員まで写せる高性能カメラに大容量スーパーコンピューターがドッキングしている。

それで、「完黙というのはどういうことでしたんですか？」というのを眞須美さんに訊いたら、完黙を「**警察官が勧めた**」と答えました。それも二人の警察官が別々の機会に、二度も「おまえが、この事件をひっくり返すのは無理だろうから完黙しなさい」と、黙秘を勧めたというのです。どうして、取り調べる警察官が、完黙を勧めるのか？ということです。こういう捜査はおかしいです。

これはなんで完黙を勧めたかと推測しますと、眞須美さんは、かなり弁が立ちます。頭の回転も非常にいいし、記憶力も抜群です。それからあの方の経歴、それから実家の経済活動などから、人脈もかなり豊かで、普通の主婦とはかなり違った、広い知識をお持ちの方です。ですから、その眞須美さんが真実を話した（証言した）としたら、保険金詐欺やその裏側が全部出てしまいます。

そうすると、捜査としても、それを一個一個潰していかなかったら、**真犯人というか、関係している大物を摘発せざるを得なくなります**。それを止めるために眞須美さんに完黙しろ！と…。捜査機関自らが完黙を勧めて、黙らせて、それで捜査機関が都合がいい、眞須美さんを有罪にするに必要な関係だけの資料を集めて、それで捜査を終わらせたと推測します。

そもそもこの保険金詐欺というのは、もう13年間も調べなしに滞っていた事件で、そこに手をつけたら、かなりの関係者や大物を摘発せざるを得ないという関係だろうと思うんです。それを抜きにして、眞須美さんが完黙をしているのをいいことに、眞須美さんを有罪にできる関係だけの資料を捜査して、膨大な状況証拠ということを触れ込みに捜査をしたという、こういう事件です。地域開発にしても、同様の重大な事案に発展する可能性があります。

7、解剖結果、死亡診断書、死体検案書を死因立証の証拠として使用しない

7月27日の解剖結果によるマスコミの報道からの解剖結果は、死亡した4人の死因は、青酸化合物であるとされているはずです。ところが、青酸化合物殺人の捜査線の捜査がマスコミ報道では一切無いということです。

この7月26日、27日に死亡した4人を解剖した結果、青酸化合物が死因であるという、そういう解剖結果、解剖と同時にその解剖したのは医師でもありますから、死亡診断書、それから死体検案書という、解剖結果、死亡診断書、死体検案書と三つの書類をつくるということになっていますので、その三つの書類があるはずなのです。

これらを裁判の証拠として、一切出していないのです。

そこで、死因という角度から裁判の資料を見ていきました。

一番驚いたことは、**死刑判決にもかかわらず、死亡した4人の直接の死因の証拠として、死亡即日及び翌日に解剖されたことが存在しているはずの解剖結果、死亡診断書、**

死体検案書が裁判に、死亡した４人の死因を立証する証拠として全く提出されていないということです。

解剖結果は、死因を立証するためにはこれ以上の証拠はないという最優良証拠です。専門の医者でも、真の死因は、解剖しないと解らないといわれています（「死体からのメッセージ」押田茂實外著、万代宝書房刊２２頁）。

さらに驚くべきことは、これほど死因について明白な解剖結果があるのに、**検察官の冒頭陳述、論告、弁護人の最終弁論は元より、判決においてさえも、死亡した４人の死因の直接証拠（解剖結果、死亡診断書、死体検案書）には、いずれも全く触れていない**という、死刑の殺人事件としては　前代未聞の全く異常な裁判であり、判決です。

検察官の冒頭陳述、論告、弁護士の最終弁論、判決書き、その他一切の裁判に出された証拠を見ていったら、**死因であるそういう解剖結果が証拠として出ていなかったの**です。これは、あり得ません。**死刑にもするような事件でありながら、こんなことがあっていいのかということです。**

８、不正の代替証拠の作出

それだけではありませんでした。そしてさらに驚くべきことは、本件の判決は死刑を宣告する判決ですが、死亡した４人の死因の証拠はもちろん解剖結果、死亡診断書、死体検案書は使われていません。要するに、**死因を直接立証する証拠は判決書の中に全く無い**ということです。

４人が生きている間に診察した医師が４人いますが、検察官はこの４人の医師の供述調書を起訴直前に取っています。それから、10月７日に新たな死体検案書を取り直しています。

検察官は解剖結果、死亡診断書、死体検案書というのを証拠として出さない代わりに、私は「代替証拠」と命名していますが、**検察官は、解剖結果、死亡診断書、死体検案書の代替証拠として、（一）新たな死体検案書（二）医師４人の新たな検面調書を提出**しました。そういう代替証拠をつくり直したということ、それも不正につくり直しているのです。

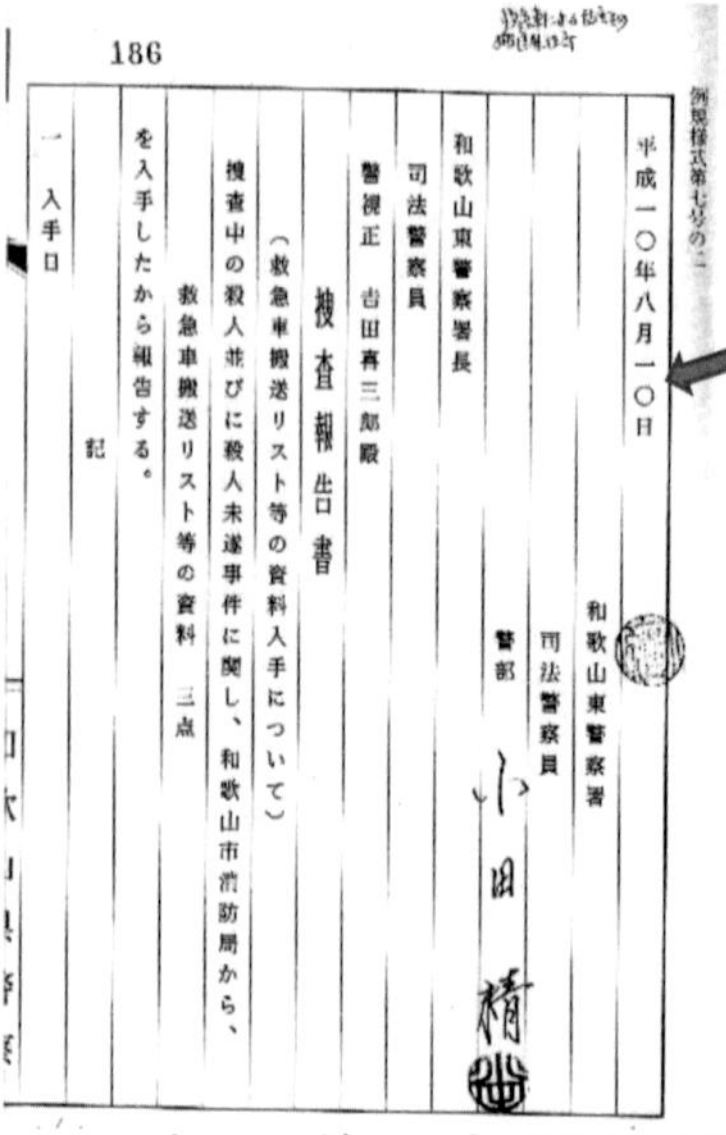
例規様式第七号の二

186

平成一〇年八月一〇日

和歌山東警察署長

司法警察員

警視正　吉田真三郎殿

和歌山東警察署

司法警察員

警部　小田精

捜査報告書

（救急車搬送リスト等の資料入手について）

捜査中の殺人並びに殺人未遂事件に関し、和歌山市消防局から、救急車搬送リスト等の資料　三点

を入手したから報告する。

記

一　入手日

裁判所もこれを証拠としていますが、これ以上不正の証拠は作れないといっても良い犯罪類似文書です。恐ろしい犯罪行為の数々です。

どういうことかと言いますと、８月

10日付の警察官の捜査報告書という報告文書があります。それに10月7日につくられる死体検案書が、8月8日の段階でもう捜査報告書に報告されているわけです。これはどういうことかと。**8月10日の捜査報告書の中身に、10月7日付の死体検案書が出ている。**そんな10月7日につくられるはずの死体検案書が、8月10日には使われている、**これはインチキではないのか**ということです。それから、4人の医師の検察官に対する供述調書の中でも、「ヒ素含有量一覧表」という表が見せられていて、4人のうちの3人の医師までは、「こういうヒ素含有

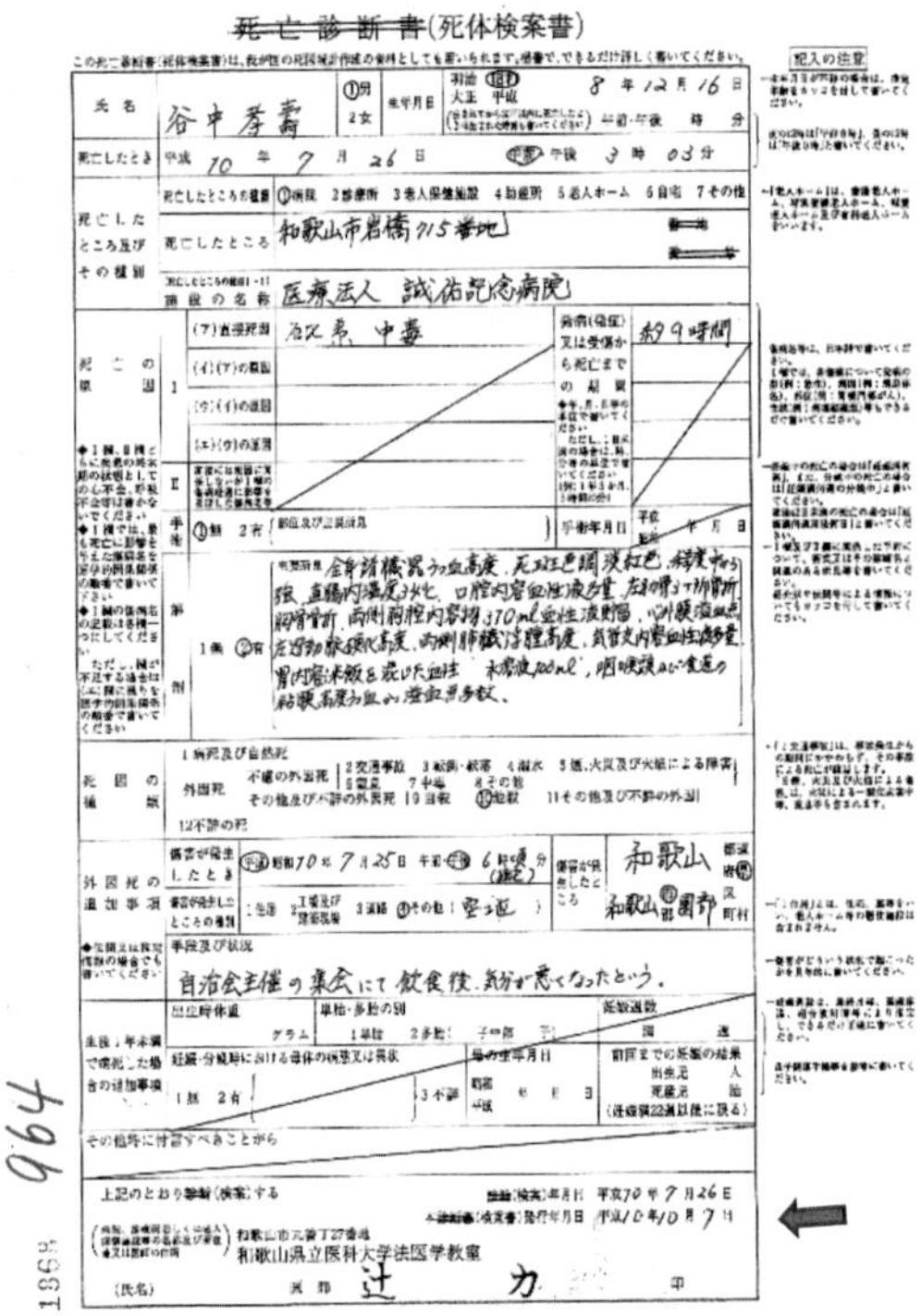

砒素含有量

単位：μｇ／ｇ（ｐｐｍ）

検体	血液	胃内容物	肝臓	左腎臓
正常人の平均値 （）は、上下限	0.007 (0.001-0.016)		0.181 (0-0.40)	0.142 (0-0.30)
砒素中毒による死亡例の平均値 （）は、上下限	3.3 (0.6-9.3)		29 (2.0-120)	15 (0.2-70)
谷中孝壽	1.2	109	20.4	8.3
田中孝昭	1.6	36.6	14.6	6.0
林大貴	0.7	0.6	11.6	4.6
鳥居幸	1.1	0.6	12.7	5.6

量があるんだったら、死因はヒ素でしょう」ということを言っています。その「ヒ素含有量一覧表」を本書にも掲載します。

10月7日付の死体検案書、それからヒ素含有量という表、それらが死体解剖した結果のときにわかっているのであれば、「青酸化合物が死因である」などということではなく、ヒ素が死因であるという解剖結果になっていなければおかしいのです。

この**「ヒ素含有量」という書類を、誰が？何のために？いつ頃つくったのか？がわからない。**作成日、作成人の明記されていない書面は、正式な書面としては認知されないのが通常（常識）です。にもかかわらず、そんな書面を見せられて、4人のうちの3人の医師までが、「こういう含有量があるのだったら、それは死因はヒ素でしょう」ということを言っているのです。

一人だけ、辻 力という医師（和歌山県立医大 法医学教授）は、「ヒ素含有量」という書面は見せられていないようですが、この医師が解剖しているのですから、青酸化合物という結果を出しているはずです。死因は青酸化合物。ところが10月7日の死体検案書には、ヒ素が死因であるということを言っています。そうしたら、どちらか（死亡時の死体検案書か、10月7日付検案書）の書類が虚偽の公文書ということになるわけです。そういうおかしな書類を検察官がつくって出しているということです。

いずれにしても、死刑判決にもかかわらず、死亡した4人の死因を立証する証拠が全く無い、異常な判決書です。以上から解るように、捜査機関、検察弁護人、裁判所も、死因には全く触れたくないという態度です。

第三　弁護の不当、違法性

9、解剖結果、死亡診断書、死体検案書の開示請求をしない

弁護士としては真実を追求するという、真実の判決を得るというのが使命です。弁護人の最大の任務は、「和歌山カレー事件」について、被告人の無罪を勝ち取ることです。

ですから、「和歌山カレー事件」の争点である、犯行態様、動機、死因に関する書証について、朗読を強く求め、要旨の告知で良いという妥協はしてはなりません。また、死因に関連する書証は不同意とし、**元の原本の提出の請求等をして、根源的な証拠を法廷に証拠として提出させる弁護活動に徹するべきである**ことはいうまでもありませんから、当然、解剖結果、死亡診断書、死体検案書をどうしても裁判の最初の段階で開示請求をすべきです。それを一切していない。なんのための弁護かということです。

弁護団は被告人が無罪を争っているのに、肝腎の無罪の最短コースである、被害者資料鑑定結果一覧表にある和歌山県警科捜研、東京科警研、その他科捜研等、7箇所に対する被害者のヒ素、青酸化合物の含有証拠の開示を全く請求しません。

裁判所も職権で死因の追及さえしていません。これほど明らかな無罪証拠があるのに、これを無視している弁護団の背任責任と、裁判官の業務怠慢の責任は、当然問われなければなりません。

10、検察の解剖結果等の代替証拠の不在を追及しない

それから、検察官の解剖結果等の代替証拠のおかしいところを追求していないと。8月10日の捜査報告書に10月7日の死体検案書の中身が出ている、これはパッと追求したらいいと思いませんか？　しかし、その追求を一切していない、不当な弁護活動です。

それでこの事件は、この弁護士さん、一審では7人ほどいたみたいですが、いずれも林眞須美さんや林家の人たちが信認して選んだ人ではありません。弁護士会長及びその知人、人権委員会委員等の弁護士で、被告人と知り合いの関係でも無く、自己推薦で弁護人に成った者達です。

「砒素含有量」と題する書面を見せられた検面調書についても、弁護人は同意しています。作成者。作成年月日の不明な「砒素含有量」と題する書面の作成のいきさつを明らかにすることで、検察側が隠そうとしている解剖結果、死亡診断書、死体検案書等の所在が重要性を明らかにすることが出来たはずです。不同意にし、元の解剖結果、死亡診断書、死体検案書の提出を請求すべきです。それらの提出を得れば、被告人は「和歌山カレー事件」において簡単に無罪になっていると思います。

これまた、これ以上の背任行為は無いといっても良い犯罪的背任行為です。

それだけではありません。さらには、弁護団は、「和歌山カレー事件」の被害者調書

である甲887~甲1117を同意しています。しかし、不同意にして本人を調べ、嘔吐の時期、理由、カレーの臭い、味等から無味無臭（ヒ素）以外の投与有無の存在が察知出来た可能性があります。

要するに、弁護団は書証について、不同意すれば検察側が決定的に不利になる書証には不同意とせず、同意し、検察側にさして不利益とならない書証には、不同意とする。ある意味では、真の弁護団とはいえず、いわば第二の検察ともいうべきが「和歌山カレー事件」の弁護団です。弁護団の背任行為は重大です。

11、真の弁護活動をしていない疑い

ここは私の推測です。

それはどこか上の方にフィクサーがいて、「おまえ、この事件の弁護を引き受けたらどうか?!」というのを勧めるわけです。そのフィクサーは相当業界では名が売れている人で、その人から言われたら、みんな、「そんならやってみます！」といって7人が弁護人になった。

そして、ややこしい問題が起こると、その7人の弁護士さんはフィクサーに意見を求めて、「検察官からこういう証拠が出されてきているけど、これは同意しますか？不

同意にしますか?」と相談し、フィクサーが「それは不同意がいい、これは同意」とか返事して、そのとおり裁判を進める。こういうおかしな弁護活動に、真実発見に程遠い弁護活動になっていきます。

そこで、そのフィクサーと捜査機関が隠そうとした、その大物とが裏でつながっている…。こういう背景を推測しているんです。

それを第二弾として明らかにしていきたいと思っています。そこまでやったら、どんな裁判所でも眞須美さんは無罪であると言わざるを得ないでしょう。

今の段階、この再審申立書の段階で私は絶対無罪になると思っています。それだけの証拠は全部上げています。再審事件というのは、理論上は真実までわからなくてもいいのです。今犯人とされている人が、犯人ではないということさえわかればいいのです。

しかし、真実までわかろうとしたら、今言ったフィクサーとかを、裏の大物を暴かないといけなくなります。そのためには皆さんの協力が必要です。ぜひとも協力をしてほしいと思っています。

第四　裁判の不当、違法性

12、真実発見、追及に全く無関心

裁判において、殺人罪の死因の立証が検察官からされない場合、裁判所の取る方法としてどのような方法があるか。

一つ目は、黙って終結し、無罪の結論を出す。

二つ目は、検察官に死因の釈明をする。あるいは、検察官に死因の鑑定申請を促す。

三つ目は、職権による解剖結果、死亡診断書、死体検案書の提出命令を出す。もしくは、職権で死因の鑑定をする。

しかし、原判決は、この3つの方法のいずれも取らなかった。結果的には、4人の死亡について真の死因の立証は無い。

何よりも原判決が裁判といえるためには、弁護団の証拠請求、それが無い場合は、裁判所による職権の証拠調べがなければなりません。誠実に焦点である死因について真剣に証拠を検討し、裁判所として職権でも出来る手段である鑑定等を使って、死因を明らかにすべきであるのに、これを全く怠って死因の証拠が無い裁判をしたことは甚だしい怠慢があるというべきです。

裁判にあらざる裁判をしたと言っても過言ではありません。

13、裁判記録、証拠を三人の裁判官は見たり読んだりしたのか？

裁判記録、証拠を三人の裁判官の誰一人としてまじめに見たり読んだりしていないと思います。第三者の犯行である証拠を、有罪判決の理由中の証拠の標目に3箇所も判示しているのです。

「和歌山カレー事件」の争点は㈠犯行態様、㈡動機、㈢死因です。検察、弁護人、裁判所、学者も、㈠と㈡集中し、要するに膨大な情況証拠による犯行に集中しています。これは、死因に触れるのを避けるためです。

書証は、検察官証拠等関係カード甲１５２６、乙12ということで書証が１５３８通あります。それに証人尋問調書１００弱（判決書80頁）ということで合計１６４０通近くの書証です。

私は、捜査機関、裁判関係者らが避けたがっている死因に何か意味がある気がしました。そこで、この膨大な書証群の中から死因に関係するところを中心に検討しました。

この検討でも、最も驚くべき最高の証拠を発見したのです。

それは犯人が林氏ではなく第三者であるとする明白な証拠です。証拠の標目という題名だけで、何頁にも渡って人名だけが羅列されたもの一つ一つについて原本に照らして検討していると大変な証拠を発見したのです。

このような、判決書を読む人に、解りにくい判決書を書いているということは、欠陥判決の典型です。私は高裁で多くの判決書を見てきた経験から言うと、判決書を読む人の便宜を考えていない判決書は、判決書を見てほしくない心理の表れであり、欠陥判決の典型であるということです。このような判決書に出会ったときは、どこかに欠陥があるという態度で臨まなければいけないと経験上、思うようになっていました。

判決書の証拠の標目15頁の16行、23行、16頁の7行目の島田博、辻本登志英、小牧克守の各医者の各員面調書（警察官が、事件について、容疑者を取り調べたり、被害者その他の関係者から事情を聞いたりして、その内容を書き記したもの）のうちの一つの証書に、それぞれ、いずれも「被害者資料鑑定結果表」という一覧表が添付されていました。それは、カレーを食べた67人の全員からシアン（青酸化合物）とヒ素の鑑定結果が得られたという和歌山（科捜研）、東京（科警研）、兵庫（科捜研、大阪市大医学部）の報告一覧表です。

これは、犯人が被告人林ではなく第三者であるという明々白々な重大極まりない証拠です。原判決は、被告人林を死刑としながら、その理由中の証拠の標目のそれも3箇所に、第三者が犯人であるとする証拠を判示するという全く矛盾極まりない判決を宣告したということです。

このことから判明することは、原裁判が書証の取調べにおいて、刑事訴訟法が命じる朗読や同規則の命じる要旨の告知すらしていないこと。これは、林眞須美に「真相」を知られないようにするためです。三人の裁判官の誰一人として、証拠を見ずに、読まずに判決をしていること。このような出鱈目な裁判が行われていることの重大な証左です。

14、原審の判決書きを検討する

刑事訴訟法等では、「判決は公判廷において宣告によりこれを告知する」と規定されていますし、「裁判には理由を附しなければならない」と規定されています。有罪の言渡をするには、「罪となるべき事実、証拠の標目及び法令の適用を示さなければならない」と規定しています。

ところが、法律では、判決書のスタイル、つまりセオリーまで規定はしていません。しかし、何のために判決書を作るのかということから、長年の中に自然とそのスタイル、セオリーが固定化されて来ています。要するに、**判決書を作成するということは、国民に判決を理解してもらうため**である。

とすると、罪となるべき事実の書き方や証拠の標目にしても、「死亡した4人の死因について」と、判決を読む国民に理解し易い方式を考えて判決書を作成します。

ところが原判決のスタイルは全く異状としか言いようのない特異なスタイルの判決で、読む人の理解など全く眼中に無い判決書です。証拠の標目7頁から14頁中程まで、第何回公判調書中の証人何々との羅列の表示が続き14頁中程から人名とカッコ内の甲番号の羅列が18頁中程まで続く、小見出しや表示は一切無いという特異な判決書です。

原判決が少しでも判決書を読む人の理解の助けになるようにと、「死因について」とか小見出しを付した証拠の標目の記載に注意を用いておれば、証拠の中に「被害者資料鑑定結果表」が添付されていることに気づき、死刑の有罪判決の証拠の標目中に3箇所まで、被告人以外の第三者の犯行を明示する証拠を判示することは無かったと思われます。

また、死体検案書4通（証拠の標目16頁中程）と表示するだけではなく、さらに判決書を読む人の理解を助ける小見出しを付けておれば、作成日付の矛盾、医師法違反にも気がつき証拠排除に至っていると考えられます。

そして、得体の知れない「砒素含有量」と題する書面に気づき善処したはずです。

判決書を何のために書くのかということを理解して書くのではなく、証拠が無いとの批難を避けるためにだけ記載しているとしか言い様が無い判決書です。

このように重要な死因について、判決において何らの検討もしなくて良いものでしようか？

正当な判決書を書いていれば、各証拠の問題点を発見し、被告人は無罪になったということです。要するに原判決は、判決書を読む人にあえて解り難い特異なスタイルの判決書をしたため、かえって墓穴を掘るに至ったともいえると思います。

このことが、判決書を読む人の便宜を考えない判決書は欠陥判決の典型であること、先に論じたわけでもあります。

「和歌山カレー事件」において、検察側は、死亡した4人の死因の立証について、いわば立証放棄に近い代替証拠の立証で事を清まそうとし、真に争わなければ、死因の立証不十分で、敗訴も止むを得ないと考えていたと推察されます。

ところが、書証の証拠調べを刑事訴訟法に則って正式の証拠調べをするでもない、いわば脱法的裁判をし、判決書においても、読む人の理解を考慮せず、裁判所の責任逃れの意図で、判決書のセオリーに反する判決書とする真実追及の熱意の全く無い裁判所と真の弁護人では無く、第二の検察ともいうべき弁護団の三者の暗黙の共謀により、本来無罪となる材料が眼の前にぶらさがっているにもかかわらず、有罪とさせられたものが「和歌山カレー事件」です。

このような、あるべき裁判から程遠い裁判が日本に存在してはなりません。

本件裁判は再審によって正されるべきです。

第五　再審支援の新手段の創造の必要性

15、計画的な冤罪に対する支援のあり方

私の経歴からも裁判というのは、このようなものでいいのか、捜査というのはこのようなものでいいのかということに、関心とスタンスを置いてやっていくという主義です。

それでこの事件を見ましても、捜査というのはなんでもやれるような感じを受けるわけです。この真犯人Aを逃させるために、眞須美さんに犯人を振る、そんな捜査ができていいものでしょうか。

ほとんどのヨーロッパの国、諸外国では捜査というのは、最終的には国民に報告しなくてはいけない、公開しなくてはいけないことになっています。それで捜査の三段階説というのを唱えていまして、初動捜査、本格捜査、取り調べという三段階を経ていきます。それぞれの担当者、責任者を分けて、その三つをいっぺんにするということはしません。日本の場合は三つをいっぺんにやれるわけです。だから、初動捜査をいい加減にしといて、犯人がBらしいというので、Bを捕まえてきて自白させて、それから裏証拠を取っていくというようなこともできるわけです。

初動捜査、本格捜査、取り調べと三段階を分けて、その責任者もはっきりさせて、それぞれがきちんと責任を持って、その段階の任務を遂行するということになれば、初動捜査で手抜きがあって、きちんとしていないから、本格捜査頑張れ言われてもで

きませんとなってくるわけです。本格捜査をきちんとやっていないから、取り調べで無理に自白や取れませんよということになってくるわけです。

日本の場合は、その三段階を一つの捜査グループ、あるいは捜査担当者が全部引き受けてやるから、どのあたりを手を抜いてでも、最終的に犯人を挙げればいいだろうというようなスタンスです。こんなことをやっているから、冤罪でっち上げとかが自由にできるわけです。それが冤罪のでっち上げが多い理由です。そして、捜査がまともにされないから、裁判も弁護も全部狂っていきます。そして、そういう司法の狂いということが、よくよくすると国自体をだめにしていくわけです。

日本は今、どんどん色々なところでの世界のランキング、経済をはじめ、色々な項目のランキングが落ちてきています。それはこんなデタラメな国にしてしまったからだと思っています。急激に落ちてきています。ますますもう先進国ではない、後進国だと言われるわけです、日本は。G7なんかに入るのもおかしいではないか？と言われ出しているわけです。そういう国になってきたひとつの大きな原因が、この捜査、弁護、裁判という、こういう司法自体が物凄くだめだからです。ここをきちんとしなくてはいけないと思っています。

私は裁判というのはこんなものでいいのか、捜査はこんなものでいいのかという、そこに物凄く関心があります。

皆さんが冤罪である和歌山カレー事件の林眞須美さんの支援者として、頑張ってこられたということに、本当にありがたい思いで、よくぞ眞須美さんがここまで頑張ってこられたのは皆さんのおかげだなというのはよくわかりますので、代わりましてお礼を申し上げたいと思います。

たぶん眞須美さんも出てきたら、皆さんにまず第一に深いお礼を申し上げると思います。こんなおかしな事件があってはいけないと思います。本当にここまででっち上げや、裏の裏がある事件というのは、まずないと思います。

16、支援の盛り上がりがすべてを解決

こういう計画的な冤罪の支援のあり方というのは、どういうふうにすべきか、これは初めての事例ですので、わかりませんけれども、私はできるだけ真実を広くみんなに知ってもらうこと以外にはないのではないかと思い、再審申立と同時に、万代宝書房にお願いして「再審申立書」を印刷・出版してもらいました。それも私も無理を言って急いでくれと言えば、急いで出していただきました。そういう方が日本にはまだおられます。そういう方と共に、私はこの本を50万部ぐらい売れたら、この本がいかに売れるかによって、眞須美さんが早く出てこられるかどうかが決まるのではないかと思いますので、ぜひとも皆さんのご協力を得て、自分が読むだけじゃなしに、読ん

だらこれほど大変な事件だということがわかったということを、ほかの人にも知らせてほしいと思います。

それから、インターネットとか、色々なものを使って、読者の感想なんかを述べることによって、ほかの人に知らせる方法とか、色々あるらしいので、そういうものも使って、広く世の中に薦めて、和歌山カレー事件というのは大変な事件なんだということを知らせていただきたいです。

それが、こういう計画的な冤罪に対する支援のあり方になっていくのではないかと思います。こんな計画的な冤罪を起こして、捜査はやりたい放題できるように思っていても、そうはいきませんよと私は思います。そういう支援の更なる高まりをお願いしたいと思います。

そういう支援のあり方が、日本を良くする早道だと私は信じています。

第六　Q&A

Ｑ１：最近の眞須美さんの状態について教えてください。

Ａ：２０２０年9月23日に私が眞須美さんに会いに行った時に、もう限界だと思っていたということでした。もう自殺でもしようかと思っていたと言っておりました。そこへ来てくれた、ありがとうございますと、お礼を言われました。「よくぞ、よく二十何年間も頑張れるものだ。この二十何年間、頑張られたな」というのが私の感想でした。それには、多くの方が彼女を支援しているということが、眞須美さんを頑張らせてきたんだと思っています。一家も両親が刑事裁判になり、中学生以下の娘さん、息子さん、４人大変だったと思います。

眞須美さんに会いに行くたびに、「民事事件をやっているから弁護を引き受けてほしい」なども言われましたが、私は人間能力というのには限界があると思っていますので、「なんでもかんでもは受けたりはできない。もうこの再審一本でやります」とお答えしました。

Ｑ２：死体検案書や死因を訂正することは出来るのでしょうか？

Ａ：再審申立書本にも書いているとおり、解剖結果とか死亡診断書、死体検案書の記載が間違ったというときに、新たなのをつくります。元のあるものと、新たにつくったものとが、どっちが優先するのか？　そういう問題になってきます。だから、そういうどっちが優先するのかで争われることのないように、法律は元のを訂正すべきだで、元つくった書類を訂正して、二つの書類が存在するようにして、どっちが優先するのかを比べるという問題が起こらないように、元の書類を訂正しなさいということに法律はなっています。実務慣行です。ですから、新たにつくるのではなく、元につくった死体検案書や解剖結果を訂正したらどうですか？ということを本に書いたわけです。二重に出すということになれば、裁判でどちらが優先するのかというのを決めなくてはいけない問題が起きてきますよということです。それを避けるために、実務慣行とか法律は、元のつくったものに、**元のつくった人が訂正するような制度にしているわけです。その制度に従ったらどうですか？**と言っているだけです。**その制度に従えないのであれば、あとでつくった書類は無効じゃないですか？**ということを言ったつもりです。

　訂正すれば、その元の記載と訂正の記載も両方残りますから、本当に争いが生じたときには、どっちが正しいかわかることになってくると思います。そういうことでも根拠を残していく、そういう制度にしているということです。

Ｑ３：当初解剖した検案書があるはずだ、それは公には出ていない？

Ａ：当初解剖した検案書があるはずで、それは公には出ていないわけです。あるのは、あとに警察がこれのヒ素だよという資料見せて、「死因はヒ素ですね」と言ったというのがあるだけだということです。

そもそも元の書面を出さないといけないんです。死刑判決もするのに、ヨーロッパの国では、死刑判決をするにあたっての、裁判の適正手続きということが、非常に問題にされてきています。そんな資料全部抜きにしたデタラメの裁判がされているというのが、この和歌山カレー事件です。

だから最初に解剖した４人が死んですぐその日と次の日に解剖している。その解剖した結果もあるはずだし、死亡診断書も当然つくっているはずだし、死体検案書もつくっているはずなのに、それらをなんで裁判に出さないのか？　ということです。

こういうことをしないで、どうして死刑判決の適正手続きなのかということです。

そもそも、そこへパッと踏み込めば、もうかなり早い段階で真実はわかっていたのではないか？　眞須美さんが犯人ではないということはわかったんじゃないか？　と思います。事件発生から二十何年間もこんな酷いことにはなっていないはずです。きちんとした裁判、きちんとした検察、きちんとした弁護、そういうのがされていれば、林さん一家もここまで不幸には陥れられていないと思います。

Q４：訂正できるはずなのに、なぜ訂正しなかったのでしょうか？

事件が起こって、４人の方が亡くなって、26日、27日に解剖した。死体検案書もつくったはずだ。そのときの死因というのが、青酸化合物になっているのではないか？でも、それを訂正しないままに、もう一度10月7日に死体検案書を新たにつくっている。その中には死因はヒ素であると書かれている。それがおかしいのではないのかっていうことですけれど、訂正しないまま、なんで新たな死体検案書をつくったんでしょうか？　当然、問題になると思わなかったんでしょうか？

Ａ：本当を言えば、私もそこが知りたいんです。実務慣行としては、間違っていたと思うなら、訂正しなさいとなっているわけですから、訂正したらいいだけです。

どうして訂正もせずに、新たな死体検案書を提出するのか？ということです。

まず死体検案書だけを新たにつくっても、死亡診断書もつくりかえなくてはいけない、解剖結果もつくり替えなくてはいけない、こういう問題も起こると思います。ですから、解剖結果、死亡診断書、死体検案書、この三書面のうちの死体検案書だけを新たにつくり替えただけで、事済むわけではない。それなのに、死体検案書だけを新たにつくり替えて、それを裁判に出して、裁判所も、弁護人も同意した。裁判所も、「はい、はい」と受け取って、それを証拠の標目に挙げて、これで死刑にします！と言っているわけです。

そういう裁判をしてはいけないですよ。死体検案書が新たに出されたときに、「それだったら元の死体検案書を出しなさいよ。それから死亡診断書も出しなさいよ。解剖結果も出しなさいよ」と、どうして言わないのか。そこがデタラメな裁判だという、私の主張なんです。それから、そのことは、弁護人も、すぐにそこを指摘できるはずです。私が言いたいのは、そこを言わない弁護は、誰の何のための弁護ですか、まるで、第二検察ではないか、ということです。

でも結局は、なぜ訂正しなかったのか、何かそこにあるからということではないのでしょうか？ 単なる、もうそれで押し切れるというふうに思ったんでしょうか？

だから、裁判所が何も真実究明をしようという意図も何もない、「はいはい」と出したものを受け取ってくれるだけの裁判所だと、もうなめられていたのだと違いますか？全体の裁判の流れを見ていくと、この裁判所は、なめられているなと思います。

それから弁護人のほうは、フィクサーに一本釣りされて、検察の言うとおり動けというふうにやられている弁護人だと…。そんなの集まりなので、裁判所も検察の出したいという書面は受け取って、それ朗読も要旨の告知もせずに、同じ法廷におる被告人林眞須美としても、どんな書面が出されたのかもわからない。弁護士からの結果報告も一切ない。だから、法廷に座っていても、何がどうなっているのかさっぱりわからないで、それで自分は死刑だということにされてしまった、こういう事件です。あまりにも酷いじゃないですか。

Ｑ５：フィクサーは誰か、どういう人かは、おわかりなんですか？

Ａ：専門的な立場から見て、どういう人がフィクサーになっているのだろうなというのは、推測はつきます。

それもいつかは暴かないと、こんな酷いことを日本国家の名において、されたんではかなわない思いますからね。私はその人も含めて、それから真犯人も含めて、やっぱり責任を取ってもらわないけない、そういう責任追及の少しの役割はしていきたいと思っています。

Ｑ６：青酸化合物をヒ素の偽反応と見間違えたとの主張ですが…

Ａ：はじめに青酸化合物ということで、ずっと新聞に出ました。はじめの死亡結果、それから死亡診断書、それから死亡検案書、この三つは必ず青酸化合物が原因やったと、そういうかたちで推察される。そうであるのに、なぜあとからヒ素、ヒ素ってなっていったのか。それで、そのヒ素っていうのが８月３日ぐらいから出て、10日にそういうものになって、８月10日にもうヒ素になってしまった。

だけど、そのなかで警察が言っているのは、ヒ素が入っていたけども、検査したときに、偽反応があって、元々は青酸化合物がなかったけれども、青酸と似た反応があるから、それを見間違ったとして、8月10日以降は、ヒ素にしてしまった。

だからその偽反応とかいうのが、科警研とか、九州大学とか、大坂市大とか、あちこちに出している中にみんな、全部が全部入っていたわけですが、青酸化合物と、あちこちの研究所が、みんな偽反応を青酸と見間違って発表した？　そんなおかしなことないと思うんですけれども…。だから、本当は青酸化合物が入っていたと思うんですけれども…。

だけど、**その偽反応ということで、ごまかすことはできるんですか？　青酸化合物が入っているのに、それが青酸化合物でなかった。ヒ素の偽反応を見間違っただけのことやっていうようなかたちで、ごまかしって生まれるんでしょうか？**

そこなんですよ。だから裁判においても、新たに鑑定をし直すとか、もっときちんとした鑑定を厳密に、根本的にやり直して、どう見たってこの事件はヒ素だけで死んでいるということにできるなら、それは死刑にしてもいいですよ。

ところが、青酸化合物も入っていた。その反応も67人全員から出ているというようなことを言いながら、ヒ素による殺人だ、そして犯人は眞須美だ、それではいけないですか。

そう言いたいわけです。もっと根本的なところをちゃんと追求しないといけません。

Q7：シアンとか青酸の、誤った判断と、もし反論してきたら？

例えば、今回の再審請求でヒ素だと。シアンとか青酸は誤った判断だったというように、もし反論してきたら、そのことに対しては、生田弁護士はどういうふうに反論されますか？

A：まず前提として、この再審申立書だけで、私の再審申立ては終わるわけではありません。保険金請求も、裏の闇がまだまだある。裏の闇があって、真犯人を隠したいという、真犯人が出てきたら大変なことになる、そういう裏の闇があるんですよ、ということを、これから明らかにしていきたいというのが一つです。

それからもう一つは、確かにそういう偽反応と言うのでしたら、鑑定をやり直したらいいじゃないですか？　と…。

その二つで対応していきたいと思っています。だから、これから私はこの本に書いている再審申立て終わったのではないし、さらに大きな山である、この保険金詐欺の闇とその黒幕を追求していきたいと思っています。

Ｑ８：別件逮捕して違う人間を犯人にする、こんなこと多いですね

刑事事件で、明らかにこれはでっちあげや、冤罪やみたいな、わかっていても刑事の側、取り調べの側がとにかく反省しているという態度を見せたら、反省していますということをおまえが言うたら、ちょっとは刑軽くなるというような、そういう、変な理屈をつけて、やっているやっていないは関係なしに、とにかく反省していますということを言うたら、ちょっとでもおまえが楽なる、早く出れるねみたいな、そういう誘導をすることとあります。とても認められ難いけれど、とにかく反省していないから、あの人たち悪い人なんだというイメージをつくり上げる、大きな力があると思います。そんな強引な屁理屈が、そんなことが裁判の中でも通るんでしょうか？

Ａ：結論から言いますと、そういうことは通らないと思います。通さない裁判をしないといけないと思います。

ですから、そういうことが自由にできるのが、今の日本の捜査なんです。他所の国では、こういう捜査をしましょうという、捜査の基準というのは法律で定まっています。ところが日本ではそういう法律すらない。捜査規範という、いかにも法律のような名前のものがありますが、これは国家公安委員会の規則であって、警察官はこういう取り調べをしなさい、こういう生活をしなさいという、警察官の生き方を指導した

規則であって法律ではない。捜査というのは、こうでなければいけないという、そういう基準を述べた法律が、民主主義国家でありながらないわけです。それから、捜査をした結果は公表するという、そういうのもないわけです。

それから、三段階に分かれて、一段階、二段階、三段階のそれぞれの責任者を決めてやると、別件逮捕というのはあり得なくなってくるわけです。そういう、もうなんでもありのような社会が、ここにきて日本の順位が、経済順位だけじゃなしに、もう色々な順位が、どんどん世界の中から没落してきている。それは、きちんとした仕組みになっていないからです、日本の国が。捜査はこういう基準でやりましょうという法律すらない。

だから、私はこの事件の最後の締めくくりは、三つの本ぐらいは書いて、捜査のそういう法律をきちんと確立すべきだという、そこへ持っていきたいと思っています。

Ｑ９：鑑定していた警察官が、懲戒解雇になっていますが…

和歌山県警で能阿弥っていう、鑑定していた警察官が懲戒解雇になっています。今までの裁判でも、例えばヒ素を持って入れたいう紙コップが、ブルーと言っているのに実はピンク系とか、実際にあるものを弁護人が見たら、ちょっと色が違っているとか、色々な証拠のその一つひとつがデタラメというのがあちこちにあって、その能阿弥という人が、懲戒解雇になっています。その能阿弥の間違った検査結果を、林眞須美さんを犯人に仕立てる道具に警察のほうがしていたんじゃないかとか、僕らそう思うんやけれども、その追及は、生田先生もなさっていかれるんでしょうか？

A：私も能阿弥さんはこの和歌山カレー事件のキーマンの一人だと思っていて、「日本タイムズ」という業界紙ですか、そこに報告したこともあります。それから、能阿弥さんの家にも一度は訪ねて行きましたけれども、留守でした。そういうこともしていて、能阿弥さんからも事情は聴きたいという気持ちは、今でもありますが、ただこういう冤罪のときには、色々な人が証人とかが関わってくるので、それをいちいち気にしていたら、もうキリがありません。

だから、どういう角度から、どういう切り口からバサッとやるかということをやらないと、ヒ素は運んだのか、運んでいないのか、それをでっちあげたのか、紙コップで運んだのか、紙コップは何色だったのか、紙コップが捨てられたゴミ箱に、そんなヒ素を運んだ紙コップをすぐに捨てたりするのかとかね、色々なことが起こり得るわけなんです。

それから証言でも、あそこの1階から見えるはずがない。2階から見えるはずがない。2階からは木が邪魔になる。1階からは見えないとかね。それから、色々な人がでっちあげに伴って、証人とかそんなんで関与してきます。

それらをいちいち暴けるもんなら暴きたいですが、それをやっていてはキリがありませんので、もう私はそこまではやらないと。そういう主義です。

Q10：林眞須美の夫、林健治です

林健治です。林眞須美の夫です。私覚えているのは、裁判でもほとんどのことをしゃべっていません。なぜしゃべっていないかと言えば、弁護士さんが当時、毎日毎日接見に来たんです。そして、騙した人の名前を言うなとか、それから偽で書いた障害者手帳、それも言うなと。それ言ったら裁判が膨らんで、裁判が長引くんで黙っとけと、懇々言われたんです。それと警察官に言われたんは、カレー事件は主で、詐欺事件みたいなもんは、スピード違反みたいやって言われたんで、それでもう裁判の中で全然聞いてくれませんでした。

なぜかと言いますと、林眞須美が私に対する殺人未遂で加害者、私が被害者。加害者と被害者と両方の弁護士さんはつかんと。そのうちに分離されるぞ、この裁判は。そしてこれ警察官の言うとおりになりました。途中でもう揉み消されたんです、この裁判。それからカレー事件のことは一切教えてくれませんでしたね。だからもう弁護士さんにカレー事件のこと聞いたって、分離されてわしは今カレー事件のことやってないって言われたんで、全然情報は入りませんでしたね。

それで弁護士さんがちょっとおかしいこと言ったんですけれども、最初からずっと接見をしたんですよ、毎日。酷いところで13時間、取り調べっちゅうもんが。それで短い時間で12時間。その間に接見は週に1回か2回。それでも弁護士さんは最初からこの事件は、どんなにしたって負けると。もうそればっかりでした、来たら。もう道あるくんが怖いと。どっから石が飛んでくるやわからん。もうこの裁判は絶対負けるからって。それとさっきみたいに検察官からの司法取引は示されましたね。眞須美におまえヒ素飲まされたって言うたら、コーヒーも毎日飲んでもいいし、タバコも吸うたらいい。寿司も何食べてもええと。そして、おまえ体悪いんやから、東京の八王子に医療刑務所あるんで、そこへ放り込んでやると。もうそういうことはしょっちゅう言われましたね。

僕は思うんは、とりあえず逮捕して、あとから証拠つくったらええわっていうような感じの裁判ね。そういう風に感じました。

A：私もこの再審申し立ては、死因ということを切り口で述べていますけれども、その前提としては健治さんの調書、健治さんの判決、その他も全部目を通しています。健治さんに言われるまでもなく、これは、本心はしゃべっていないなと分かりました。

それと私が一番健治さんを根底で信頼しているのは、さすがは男だと。本心はガッチリと言わずに、表面的な対応をしてきたなと…。その本心をいつかは言ってもらう日がくるだろうと。私はそう思っています。
この、まさに冤罪の大からくりが明らかになっていく。そう思っていますので、まだ私はこの申立書だけでは、冤罪の大からくりの半分ぐらいかなという気がしていますので、今後とも皆さま方のご協力をお願いしたいと思っています。よろしくお願いします。

Q11：最高裁の特別抗告を取り下げたということに驚きました…

死因のことについて、それを柱にして、再審請求を追求していくということだと思いますが、今言った3点、4点というのは、やはり検察からの眞須美さんへの追及の論点の何点かのうちの一つだと思います。ヒ素の同一性という問題があると思います。先日、最高裁の特別抗告を取り下げたということ報道で驚いたんですけれども、色々なところで色々な戦いというのをやってこそ、やはり眞須美さんの無実というのが勝ち取れるのではないかと僕は思うんです。生田さんは眞須美さんの取り下げということについて、どういうふうにお考えになっているか、お聞かせください。

A：今、質問がありましたように、色々なところで色々な角度からやったほうがいい、これは私も同意見です。色々な角度からやるべきだと思います。これだけの冤罪事件を一人の人間が一箇所からだけ追求して、全部を暴けるということ自体が問題です。

だから、ヒ素の同一性とか、それから目撃証言の目撃の可能性、それからヒ素を本当に運んだのかどうか、それの経緯とかその詳しい事情、色々な角度から追求したいなと私も思います。だから、何で取り下げたのかなというのは、ご本人の意図ですから、一点に絞りたいと思ったんでしょうけれども、それはそれとして、ご本人の考え方と私は思います。

Q12：それに対して勝手な僕の思いをいいですか？

私はヒ素が同一でないということでの再審請求も、これ和歌山地裁でも負けて、大阪高裁、それは一部認めた理由だったんです。それであるかもわからないけれども、総合的にというか変な判断で。それで、高裁にこれは判断を委ねたんだろうと僕ら評価しています。高裁でも負けた。それで、最高裁にいった。これは状況的に言えば絶対こっちの言い分があるけれども、状況的には負けると…。負けた答えをただ待っているのではなく、負けたことだったらこっちで取り下げて、ちょうど生田先生の再審申立が出たので、これを続けるんじゃなしに、取り下げるというかたちで、むしろこちらが勝利をしたのではなく、向こうに勝たせなかった、こういうふうに私は理解をしています。

再審申立で眞須美さんが無罪だというのは、何も色々なことを調べる必要もなく、無罪であることさえ明らかになったらいいんだという、この絞り込みも、僕はすごく共感しました。そういう僕の見方もあるんですが、僕は、生田さんと連絡が取れて、取り下げなのかな？ と判断はしていたんですが、それはなかったんですか？

A：この申立書を5月31日に出しまして、それで6月2日に私が眞須美さんに接見に行きました。それで、そのときにこういう申し立てを出しましたよということ、差し入れもしております。それで、眞須美さんがその時に、「最高裁のはどうしたらいいんでしょうか？」ということを言いますので、私は「それを決めるのはあなたですよ」と答えました。私はどうこうしなさいとか言う立場にはありません。私は再審申立てをしてくれと言うから再審申立をしました。ほかの人がした再審申立を、どうこうしなさいということを、私がアドバイスするのは適切ではないと思うから、あなた本人が決めるべきことですと、いうことだったんです。

それで、今の話で色々な角度からということも述べておいた方がよかったかなというのは反省していますが、本人が決めることであって、私は一切アドバイスはしていません。

私のスタンス自体が、人のやっていること自体をとやかく言うのはあまり好きじゃないんです。私自身のやっていることを人から言われるのは、あまり好きではないですけれども、私自身、人のやっていることをとやかく言うのも好きではないから、人がどういう立場でどういうことを言おうと、そんなことには関与しないというのが、私の従来からの立場です。

それから、今言われましたように、経緯を先取りして負けるものを避けたという、そういう考えもあるのかなということですが、それは眞須美さんの考え方を察する以外なので、何とも言えません。

ただ、ヒ素の同一性の再審の最高裁のが決まったところで、それはヒ素の同一性の承認の問題で、その承認を最高裁で勝ったところで、一審から承認を調べ直して、それに対する反対証人も出てくるだろうし、再審までたどり着くのには、非常に時間がかかることは確かなように思います。

それをどう評価するかは、それぞれの方の立場の自由ですから、私はそういうことにはあまり関与しません。私のスタンスは自分のスタンスで臨むと。人のしていることをとやかく言う、そんなのは私の趣味ではないということです。

Q13：二つの再審が出されているのは、法律的に問題がありますか？

A：再審法というのが、刑事訴訟法の最後あたりに3条か4条あるだけで、極めて大雑把なんです。だから、そういう証人採用の特別抗告と、それから再審一般論とが重なった場合、どうするか、そういう判断は今までもないんです。

だから、私としてはオリンピックが中止になったら大変だというので、眞須美さんが早く申立書を出してくれ、出してくれ言うものですから、大急ぎで出しました。それで、最高裁が継続しているからだめだということになれば、それはそれとして、死刑に対するチェックには少しは役立つのではないかと思っていました。それで最高裁が却下すれば、すぐ私の分を出せばいいという、こういう考え方で、とりあえずダブらしたということです。

Q：ヒ素の同一性のことについて、負けるはずがないというか、負けさせたら負けさせる判決を行うほうが悪いというふうに思います。それほど僕は、明々白々なめちゃくちゃな鑑定を行っていたんだというふうに思っています。

取り下げたあと、もう一週間経っているんですけれども、これもうどうにもならないわけですか？　一週間前に取り下げたものが、それでシステム的には終わってしまうんですか？

A：申し立てとか取り下げが、自分の意思の錯誤によって生じたということで、その錯誤が認められれば「取り下げはなかった」ことになるということで、眞須美さん自身が取り下げたのは、錯誤によるものだということで、取り下げたのを撤回するという手続きを取れば、それが錯誤によるものかどうかの判定をして、撤回が有効かどうかということになるかと思います。結構ややこしいですよ。裁判所としては、なくなったものがまた復活するというのは、ある意味ではあまり好まれませんから。そういうことです。

Q：今日の話、そういう話が出たということを、今度面会に行かれたときに話ししていただけるような、時間的なことはできるでしょうか？　自分の立場から、色々な観点からの無罪で無実を訴えていくっていうことは、ぜひ必要なんだという意見があったということだけでも。あるいは、「取り下げるということをやめる」という、そういう話はできないんでしょうか？

A：最高裁のあの事件については、眞須美さんと代理人との関係ということを抜きにしては話せません。その関係がどうもギクシャクしているみたいなんで、そこへ私が関与していくということは、あまり妥当なことではないと思います。私は元々取り下げなさいと言ったわけでもないし、取り下げがベターだとも言ったわけでもないし、存続しなさいと言ったわけでもないし、そんなことは一切あなた自身が決めることだというスタンスですから、そういうスタンスを取っておきながら、なおかつそこへ関与していくというのは、あまり妥当だとは思いません。要するに、複雑な人間関係があるんです。申立代理人と眞須美さんとの。そこに私はあまり関与したくはないと思っています。

支援者が物凄い熱意があるということは、眞須美さんがこの二十何年間持ってきた根本原因だと思います。本当にありがとうございます。これで、こういう真実を究明したいという熱意が物凄くあるということが、私としては裁判や捜査や、上のほうでは、変なことが行われている可能性があるんですが、根本は揺らぎなくしっかりしているということで、自信を持って真実を究明ということをやっていきたいと思います。

本日こういう会に出していただいたのは、本当にありがたいことだと思っています。今後とも皆さんよろしくお願いいたします。

参　考（チャートで分かる本再審申立）

和歌山カレー事件において立証すべき６つのパーツ

1 被告人において，カレーの当番，見張り役で一人で行動できる時間帯があった。
2 被告人がカレー鍋に何かを投与する目撃証言。
3 被告人が自宅からカレー鍋に自宅のヒ素を青色紙コップで運んだ。
4 被告人が自宅のヒ素と本件カレーの投与されたヒ素の同一性。
5 被告人はヒ素を使った殺人未遂・保険金詐欺に関与している。
6 被告人のヒ素による４人の殺害の死因の証拠及び６３人の未遂の証拠。

本件再審申立＝６番目の死因の証拠にのみ関する再審申立。（犯行態様や動機について論じるものではない）

平成10年8月10日捜査報告書に2ヶ月後の10月7日付「死体検案書」が添付されている怪

添付されている死体検案書作成が，平成１０年１０月７日付。

⇩

平成７月２６日や２７日付、死体検案書があるはず。

10月7日付死体検案書を８月１０日に取得して添付したという実行不可能な捜査報告書と一体となった新たな死体検案書４通は有効なのか？

虚偽公文書作成罪の虚偽公文書と一体になった虚偽の死体検案書であるといわなければならない。
新たな死体検案書虚偽文書であるということになり，証拠能力，証明力は全くない。

「砒素含有量」と題する書面

作成者、作成日の記載がない。 ⇒正式な書面とは認められない。

これ見て、医師が死因を供述している

⇒正式ではない書面を見せられて供述したものが死因の証拠になるのか？

⇒なぜ、死体検案書を死因の証拠にしない？

⇒なぜ、弁護側、裁判所はこのことを追求しないのか？

死体検案書を死因の変更，修正，訂正の手続を取るべきであろう。

表にあまり出ない重要なこと

・本件訴訟において，検察は起訴２３件中，１４件が無罪になり，有罪になったのはたった9件である。無罪起訴を最も嫌う検察としては異常な起訴なのである。
・捜査，検察の起訴，弁護，裁判の中，何一つとしてまともなものはない。なぜ，これほど堕落した裁判がなされたのか。
・林真須美に捜査官（坂本捜査官と谷本捜査官）から第一審を通じて全て完全黙秘（完黙）を勧めた。黙秘しなくても被疑者，被告人に不利にならない。
　⇒何の意図で勧めたの？
・従来からある政党関係者と医師のコネや保険金請求の調査との癒着がウワサされてきた地域である。
　⇒１３年間も保険金詐欺関係事件が未処理事件として放置されていた。

真実の究明の視点からは、いずれこれらのことを明らかにする必要があるだろう。の手続を取るべきであろう。

参考資料（被害者鑑定資料結果）

資料鑑定結果表

平成１０年１０月２６日現在
NO　1

番号	被害者	資料名	採取状況等				鑑定結果						備考
			日時	場所	採取者	鑑定依頼日	和歌山（科捜研）シアン	和歌山（科捜研）ヒ素	東京（科警研）シアン	東京（科警研）ヒ素	兵庫 ヒ素	大市大 ヒ素	
1	谷中　孝壽	心臓血液	7/26	和医大	秦野	7/26			5.5ppb	2.04ppm			
		胸腔内血液（右）	7/26	和医大	中村	7/26			1.7ppb				
		胸腔内血液（左）							17.6ppb				
		胃内容物（吸引液）	7/26	誠佑	永井	7/26				315.7ppm			
		胃内容物（解剖）	7/26	和医大	中村	7/26			7.9ppb	400ppm			
2	田中　孝昭	心臓血液	7/27	和医大	秦野	7/27			6.4ppb	1.11ppm			
		吐物	7/26	中江	岩本	7/26				1132ppm			
		胃内容物	7/27	和医大	中村	7/27			7.7ppb	137.3ppm			
3	林　大貴	心臓血液	7/27	和医大	秦野	7/27			1.6ppb	1.44ppm			
		胃内容物	7/27	和医大	中村	7/27			参考値 198ppb	0.35ppm			
4	鳥居　幸	心臓血液	7/27	和医大	秦野	7/27			0.8ppb	0.63ppm			
		吐物	7/26	日赤	瀬藤	7/26			6.5ppb	0.36ppm			
		胃内容物	7/27	和医大	中村	7/27			2.4ppb	0.29ppm			

NO 2

番号	被害者	資料名	採取状況等 日時	場所	採取者	鑑定依頼日	鑑定結果 和歌山（科捜研） シアン	和歌山 ヒ素	東京（科警研） シアン	東京 ヒ素	兵庫 ヒ素	大市大 ヒ素	備考
5	宇治　美紀	吐物	7/28	日赤	倉橋	7/28			3.5ppb			128.8ppb	
		尿										検査中	
6	宇治　徹	吐物	7/29	和医大	伊藤	7/29			2.0ppb		10000ppb		
		尿										検査中	
7	小山　篤紘	吐物	7/26	日赤	瀬藤	7/26			2.3ppb		70000ppb		
		尿	7/27			7/27						検査中	
8	南郷　美佳	吐物	7/26	日赤	瀬藤	7/26			1ppb 以下		30000ppb		
		血清										58.4ppb	
9	南郷　彩音	吐物	7/26	日赤	瀬藤	7/26			3.4ppb			113.4ppb	
		血清	7/27	日赤	市谷	7/27	2ppb 以下						
		尿										検査中	
10	住川　聖也	吐物	7/26	日赤	瀬藤	7/26			2.4ppb		2000ppb		
		尿										検査中	
11	森口　真衣	吐物	7/26	日赤	瀬藤	7/26			1ppb 以下			47.32ppb	
		尿				7/27						検査中	
12	森口　秀行	吐物	7/29	日赤	市谷	7/29			1.9ppb		40000ppb		
		血清	7/31	医大	永井	7/31			1ppb 以下				
		毛髪										予定	
13	畑　伸幸	尿	7/31	自宅	小船	8/1	2ppb 以下					1630ppb	
14	中津亜希子	吐物	7/27	瀬	市谷	7/27			8.0ppb			68ppb	
		血液										403.1ppb	

NO 3

番号	被害者	資料名	採取状況等 日時	場所	採取者	鑑定嘱託日	鑑定結果 和歌山（科捜研） シアン	和歌山（科捜研） ヒ素	東京（科警研） シアン	東京（科警研） ヒ素	兵庫 ヒ素	大市大 ヒ素	備考
15	城 康裕	吐物	7/29	誠佑	出口	7/29	6.5ppb		2.4ppb			140.2ppb	
		尿										検査中	
16	城 昭一	吐物	7/29	誠佑	出口	7/29	2ppb以下		2.7ppb			1499ppb	
		尿										検査中	
17	久保 未来	吐物	7/29	誠佑	出口	7/29	2ppb以下		1ppb以下			351ppb	
		尿										検査中	
18	石田 絵里	吐物	7/29	誠佑	出口	7/29	11.2ppb		2.5ppb			386.8ppb	
		尿										検査中	
19	賀川 恵	吐物	7/29	誠佑	出口	7/29			2..4ppb			210.4ppb	
		尿										検査中	
20	大島 義正	吐物	7/29	誠祐	出口	7/29			8.6ppb			59..78ppb	
		尿										検査中	
21	南 美由紀	吐物	7/26	向陽	浜	7/26			1.5ppb			458.8ppb	
		血清	7/26	医大	永井	7/31	2ppb以下					99.6ppb	
22	南 さゆり	吐物	7/26	自宅	小南	7/26			2.0ppb		360000ppb		
		血清	7/31	医大	永井	7/31	2ppb以下					111.7ppb	
23	濱井 満夫	吐物	7/26	今村	野保	7/26			4.7ppb		40000ppb		
		血清	7/31	医大	永井	7/31			1ppb以下			144.9ppb	
24	荒木 俊夫	吐物	7/27	中谷	平尾	7/27			1ppb以下		180000ppb		
		尿										検査中	
25	楠山 育子	吐物	7/26	自宅	浜	7/26			7.8ppb		720000ppb		
		血清	7/31	医大	永井	7/31	2ppb以下					155.4ppb	

9932

NO 4

番号	被害者	資料名	採取状況等				鑑定結果						備考
			日付	場所	採取者	鑑定依頼日	和歌山（科捜研） シアン	和歌山（科捜研） ヒ素	東京（科警研） シアン	東京（科警研） ヒ素	兵庫 ヒ素	大市大 ヒ素	
26	楠山　睦能	吐物	7/26	自宅	平岡	7/26	2ppb以下		2.6ppb		30000ppb		
		毛髪										予定	
27	堀井　良子	吐物	7/27	[illegible]	柏	7/27	8.1ppb		14.3ppb		60000ppb		
		毛髪										予定	
28	前田　信義	吐物	7/26	[illegible]	大塚	7/26			2.5ppb		20000ppb		
		毛髪										予定	
29	大西　久治	吐物	7/26	自宅	浜	7/26			2.8ppb		5000ppb		
		毛髪										予定	
30	松山　智子	尿	8/1	自宅	川崎	8/1	2ppb以下					4430ppb	
31	松山　陽香	尿	8/1	自宅	川崎	8/1	2ppb以下					1820ppb	
32	中筋沙有美	尿	7/31	自宅	瀬藤	8/1	2ppb以下					455ppb	
33	中筋　加奈	尿	8/4	瀬藤	畑村	8/4	2ppb以下					101ppb	
34	久保　里美	尿	7/29	誠佑	出口	7/29	2ppb以下					3845ppb	
35	西前　美加	尿	7/31	宇都宮	倉橋	8/1	2ppb以下					851ppb	
36	堀井　裕也	尿	7/31	生協	倉橋	8/1	2ppb以下					662ppb	
37	松山イサ子	血液	7/26	日赤	畑村	7/26	3.2ppb					344.8ppb	
38	松山　益也	血液	7/2[illegible]	日赤	畑村	7/26	6.5ppb					238.9ppb	

NO 5

番号	被害者	資料名	採取状況等				鑑定結果						備考
							和歌山（科捜研）		東京（科警研）		兵庫	大市大	
			日時	場所	採取者	鑑定依頼日	シアン	ヒ素	シアン	ヒ素	ヒ素	ヒ素	
39	西川　美江	血液	7/26	日赤	畑村	7/26	2.1ppb					381.0ppb	
40	杉谷　紀子	血液	7/26	日赤	畑村	7/26	2ppb 以下					224.0ppb	
41	中筋　久彰	血液	7/27	日赤	市谷	7/27	5.0ppb					183.0ppb	
42	林　美歩	血液	7/26	日赤	畑村	7/26	2ppb 以下					295.0ppb	
43	住川　拓海	血液	7/27	日赤	市谷	7/27	2ppb 以下					118.1ppb	
44	有本　真規	血液	7/29	和医大	伊藤	7/29						373.5ppb	
		うがい液							1ppb 以下				
45	宇治　巧馬	血液	7/31	和医大	倉橋	7/31			1ppb 以下			286.2ppb	
46	宇治　玉姫	血清	7/31	和医大	倉橋	7/31	2ppb 以下					88.4ppb	
47	小山名都子	血清	7/30	日赤	瀬藤	7/30	2ppb 以下					149.7ppm	
48	南郷　典男	血清	7/30	日赤	瀬藤	7/30	3.1ppb					123.1ppb	
49	住川みさえ	血清	7/31	日赤	瀬藤	7/31	2ppb 以下					73.9ppb	
50	市野　剛志	血清	7/31	前だ	畑村	7/31	2ppb 以下					52.1ppb	
51	有本　知益	血液	7/31	和医大	倉橋	7/31			1.2ppb			272.4ppb	
52	有本　恭将	血清	7/31	和医大	倉橋	7/31	2ppb 以下					149.1ppb	

NO 6

番号	被害者	資料名	採取状況等				鑑定結果						備考
			日時	場所	採取者	鑑定依頼日	和歌山（科捜研）		東京（科警研）		兵庫	大市大	
							シアン	ヒ素	シアン	ヒ素	ヒ素	ヒ素	
53	滝口　タケヨ	血清	7/31	前田	柏	7/31	2ppb 以下					47.9ppb	
54	久下真理恵	血清	7/31	和医大	永井	7/31	2ppb 以下					212.5ppb	
55	濱井裕見子	血清	7/31	和医大	永井	7/31	2ppb 以下					330.6ppb	
56	荒木　正代	血清	7/31	和医大	永井	7/31	2ppb 以下					318.7ppb	
57	福谷　弥生	血清	7/31	和医大	倉橋	7/31			2.6ppb			115.6 ppb	
58	藪本　幹二	血清	7/31	和医大	倉橋	7/31			9.7ppb			93.8ppb	
59	塩崎　麻衣	血清	7/31	和医大	倉橋	7/31	2ppb 以下					100.4ppb	
60	福岡　沙織	血清	7/31	和医大	永井	7/31	2ppb 以下					205.9ppb	
61	福岡　勇紀	血清	7/31	和医大	永井	7/31	2ppb 以下					376.8ppb	
62	大島みゆき	血清	7/30	生協	永井	7/30	2ppb 以下					95.2ppb	
63	大島　正人	血清	7/30	生協	永井	7/30	2.5ppb					83.7ppb	
64	西川　隆也	血清	7/30	生協	永井	7/30	2ppb 以下					156.3ppb	
65	中山　新吉	血清	7/30	生協	永井	7/30	2.8ppb					255.3ppb	
66	鳥本　幸一	血清	7/31	前田	畑村	7/31	4.6ppb					100ppb	
67	松裏　博敏	血清	7/3.	前田	畑村	7/31			8.5ppb			67.3ppb	

◆生田 暉雄（いくた てるお）プロフィール

昭和16年10月2日生　弁護士（香川県弁護士会所属）

【職　歴】

1967年　司法試験合格
1970年　裁判官任官仕官
1987年　大阪高裁判事
1992年　退官、弁護士
　　　　裁判官歴22年、弁護士29年

【著　書】

「裁判が日本を変える」日本評論社　2007年
「裁判員拒否のすすめ」共著ＷＡＶＥ出版　2009年
「最高裁に「安保法」違憲判決を出させる方法」
三五館2016年

「和歌山カレー事件『再審申立書』概説

2021 年 8 月 12 日　初版第 1 刷発行
著　者　生田暉雄
編　集　（一社）関東再審弁護団連絡会
発行者　釣部 人裕
発行所　万代宝書房
〒176-0002 東京都練馬区桜台 1-6-9-102
電話 080-3916-9383　FAX 03-6914-5474
ホームページ：http://bandaiho.com/
メール：info@bandaiho.com
印刷・製本　日藤印刷株式会社

ISBN　978-4-910064-49-9　C0036

装丁・デザイン／ルネ企画 小林 由香